풀밭 위의 식사

풀밭 위의 식사

지은이 · 장은수
펴낸이 · 유재영
펴낸곳 · 주식회사 동학사

1판 1쇄 · 2020년 9월 7일
출판등록 · 1987년 11월 27일 제10-149

주소 · 04083 서울 마포구 토정로53 (합정동)
전화 · 324-6130, 324-6131 | 팩스 · 324-6135
E-메일 | dhsbook@hanmail.net
홈페이지 | www.donghaksa.co.kr
　　　　　www.green-home.co.kr

ⓒ 장은수, 2020

ISBN 978-89-7190-758-0 03810

저자와의 협의에 의해 인지를 생략합니다.
잘못된 책은 바꾸어 드립니다.

풀밭 위의 식사

장은수 시조집

Sijo Poems by Chang eun soo

동학사

■ 시인의 말

사막 하나 펼친다

중세의 시간 너머

고비의 먼지인 듯

사하라 신기루인 듯

나는 또 카라반이 되어

시를 찾아 나선다

- 2020년 9월
  장은수

풀밭 위의 식사
장은수 시조집

- 시인의 말 5
- 작품 해설 89

01

살풀이춤 • 11
여름밤 • 12
한란 • 13
물의 혓바닥 • 14
장자호수 • 15
일어서는 바다 • 16
흰, 연 • 17
인동덩굴 • 18
낙엽 반란反亂 • 19
콩나물국밥 • 20
거미의 아침 • 21
매미허물 • 22
척 • 23

02

원추리 • 27
꽃섬 목각 • 28
동백 • 29
목련이 질 때 • 30
명자꽃 하루 • 31
겨울 높새 • 32
시샘달 비수 • 33
부부 • 34
달팽이 화가 • 35
고도를 기다리며 • 36
구상나무 엘레지 • 37
수련, 봄을 벗다 • 38
컬링 • 39

03

경계 • 43
포엽苞葉 • 44
풀밭 위의 식사 • 45
눈뜨는 아침 • 46
멈춰버린 바퀴 • 47
로봇놀이 • 48
알바 뛰다 • 49
우포늪 • 50
새벽 꽃제비 • 51
호랑버들 눈뜨다 • 52
그날 그 탈수기 • 53
페이pay, 낭패 보다 • 54
털레기 어죽 • 55

04

치자꽃 아다지오 • 59
물소리, 바람소리 • 60
윤중로 경전 • 61
독도여, 독도여 • 62
문장대의 아침 • 63
검은머리방울새 • 64
난도 • 65
저승 맛 • 66
광화문 한낮 • 67
유달산 하늘 길 • 68
아차산성 바람소리 • 69
솥바위 천년 • 70
대미도 니 팔소리 • 71

05

막사발 햇귀 • 75

꽃무릇 별사 • 76

데린쿠유 • 77

피전밸리 Pigeon Valley • 78

미역귀 세우다 • 79

쏙의 습격 • 80

울돌목 토네이도 • 81

바위 도시 • 82

징 • 83

상대포구 • 84

바이올린 소나타 • 85

놋 • 86

봄, 다시 • 87

살풀이춤

여름밤

한란

물의 혓바닥

장자호수

일어서는 바다

흰, 연

인동덩굴

낙엽 반란

콩나물국밥

거미의 아침

매미허물

척

01

살풀이춤

살비치는 치맛자락
감아쥐듯 살풋 들고

갈 듯 말 듯 발끝걸음
굿거리로 풀어낸다

어깨 위 먼지 얼룩도
가볍게 툭 털어내며

여름밤

한여름 매미울음에 어둠이 펄럭인다

낮도 그만 모자라서 이슥토록 울고 있다

목이 쉰 어떤 생애가

산 하나를 넘고 있다

한란

첫새벽 붓을 세워 어둠 한끝 잡아챈다
단전에 힘을 모아 고개 불끈 세워 들 때
한 획씩 삐쳐 올린 선,
반가좌로 품고 있다

여명의 속삭임이다, 꽃대의 문 열리고
정화수 물을 긷는 여인의 가쁜 숨소리
멈춰 선 시간 사이로
비사秘史가 깨어난다

온몸에 초록 감고 바다 건너 마주한 우리
미쳐 뛰는 눈보라가 허공을 칼질해도
눈가엔 그윽한 향기
발묵하듯 퍼져간다

물의 혓바닥

놀빛 터는 날개들이 둥지로 돌아간 뒤
아득한 강의 허리 물길 따라 휘어졌다
하늘의 내면을 읽듯 물굽이가 출렁인다

이름 모를 물새 하나 수중보를 넘고 있다
새 울음 화답하듯 소리치는 물의 혓바닥
분절된 말의 조각이 물이끼로 쌓인다

산 아래 둘러앉은 빈 집들 손차양하고
돌 틈새 길을 내는 저 눈빛 다독일 때
숨죽인 강물 언저리 눈썹달이 선명하다

장자호수

밤늦도록 울고 있는

어미 잃은 새끼 고양이

누군가 먹이그릇

벤치 아래 놓고 간 뒤

몰려 온

들고양이들

서로 몸을 핥고 있다

일어서는 바다

1.
수만 구멍 숨을 죽인 와온 해변 갈대밭 끝
짱뚱어 노려보던 흰 구름도 흘러간 뒤
사뿐히 노랑부리저어새 갯벌에 진을 친다

2.
끓는 노을 한 입 물고 삿자리 누운 아버지
어장에 든 새를 쫓듯 휘이 휘이 손 흔들다
마른 혀 연방 축이며 먼 허공만 응시한다

3.
쓰나미 또 몰려오나, 허기진 섬과 섬에
날선 칼끝 곧추세워 노려보는 저 왜구들
왜바람 푸른 촉 앞에 난바다가 일어선다

흰, 연

붉덩물에 발을 묻고 하늘을 우러른다
골다공증 깊어가도 곧추세운 굽은 허리
이따금 소소리바람 꽃대 밀어 올리고

펄 속에 잠긴 유년 피고 지는 한세월도
선득한 눈빛 두엇 잎사귀에 풀어놓고
남루의 젖은 땅마저 향기 흠뻑 적신다

가르마 선을 따라 햇살이 눈부실 때
흰 꽃잎 가만 보면 가부좌한 내 어머니
당신은 그 빛 속에서 염화시중 벌고 있다

인동덩굴

은백색 달빛 아래 계절을 둘러 깎아도
인내는 인내를 불러 온밤을 피고 또 핀다
몇 날 밤 잠 설쳤는지 얼굴빛이 하얗다

너덜겅에 뿌리내려 팽팽히 견뎌온 시간
이따금 댑바람에 등허리가 서늘해도
단애에 등을 기대고 내일을 헤아린다

아무리 용을 써도 지울 수 없는 얼룩들을
제 안에 그러안고 속으로만 삼킨 눈물
까맣게 맺힌 응어리 씨방 가득 차오른다

낙엽 반란反亂

밑줄 친 문장만으론 부족함이 많았던가
눈치라곤 눈꼽만큼도 본 적 없는 도시에서
위아래 좌우의 이웃 광장으로 모여든다

겨울로 치달아도 붉게 붉게 피는 신열
가로수 잎새들도 그 열기에 타오르고
더러는 중심을 잃고 바람 앞에 혼절한다

헐떡대는 목숨들이 오체투지 하는 거리
희미한 아침햇살 꼬물대는 골목 너머
출근길 무심한 발길 그를 밟고 지나간다

콩나물국밥

썰렁한 꽃샘잎샘 두물머리 장터 안쪽
할매집 문을 열고 들어서는 할아버지
한평생 가마솥에서 육수 펄펄 끓는다

한때는 땡볕 아래 소금꽃 피던 길을
차가운 바람 안고 한강을 건넌 사람들
뚝배기 깊숙한 중심이 양반다리 앉는다

가로수 마른가지 숨죽여 우는 것인가
헐고 덧난 잇몸 새로 이리저리 튀는 밥풀
그래도 허기를 달랠 숟가락을 움켜쥔다

거미의 아침

한 사내 나무계단에 안개를 끌고 온다
머리칼 거미줄 치고 뜯겨나간 날갯죽지
첫새벽 잠의 그물에
물방울로 맺힌다

선잠 깬 옷가지들 진열대에 불 밝힐 쯤
층마다 할증운임 빈 지게에 쌓여가고
피멍 든 곡예의 시간
가난의 털 세운다

골이 팬 척추마디 겨울과 봄 사이에
벼랑 끝 어두운 벽 한 생이 웅크리고
몸 바꿔 다듬고 벼려
매듭 푸는 하루치 햇살

매미허물

한 계절 계곡물도 입을 꽉 다물고서
풍장을 치러낸 밭, 먼지만 펄펄 나고
까맣게 타버린 시간 하얀 속살 드러낸다

누가 또 떠나는가, 껍질뿐인 몸을 묻고
이제야 버거웠던 허물을 벗어놓을 때
어긋난 척추마디에 흙냄새 물씬 난다

묵정밭 다스리던 저녁놀도 스러지고
이랑 너머 꽂혀있는 무뎌진 호미자루
찢어진 비닐하우스 바람에 펄럭인다

척

한 뼘 담장 밑에 장미꽃을 심어놓고

가끔씩 물을 주며 몇 달을 다독인다

장미가 웃는다는 말 은유인 줄 알았다

이파리 생채기에도 잠 못 들고 뒤척여도

꽃이 말을 한다는 것 믿지 않고 살았는데

이제는 화사한 낯을 내 어깨에 기댄다

혼자 입술 깨물며 울기까지 한다는 건

은밀한 관계인가, 영문 모를 연인이여

더 이상 감당키 어려워

못들은 척!

모르는 척!

원추리

꽃섬 목각

동백

목련이 질 때

명자꽃 하루

겨울 높새

시샘달 비수

부부

달팽이 화가

고도를 기다리며

구상나무 엘레지

수련, 봄을 벗다

컬링

02

원추리

햇볕 한 줌
품어 안고
제 상처 다독인다

지난 여름
폭풍의 기억
마디마디 씻어가며

얼룩진
노랑치마가
소낙비에 또 젖는다

꽃섬 목각

차가운 물안개가 밀려왔다 밀려갈 때
날선 칼끝 에인 자리 요철이 뚜렷하다
파도가 피운 꽃송이 뚝뚝 지는 동백섬에

새벽까지 홀로 앉은 포구의 낡은 벤치
어둑서니 눈길마저 맺혔다 흩날리고
한 발도 꿈쩍할 수 없는 일망무제 저 단애

꽃비린내 몸살 앓는 움푹 팬 가슴 한켠
꽃 대신 불을 밝힌 가로등이 들어앉고
붉게 핀 여명 바다로 첫 배가 출항한다

동백

파도를 울리고 간 시 한 수를 요청하듯
오동도 산기슭에 새 한 마리 날아든다
바다가 짙은 해무를
다도해에 풀어놓을 때

안개를 헤쳐 가며 섬 한 바퀴 도는 동안
섬 안에 시는 없고 시인만 넘치는데
절벽 끝 몸을 도사린 채
미동도 없는 저 사내

긴 겨울 밀어내는 붉은 꽃 피우려고
바다를 면벽하듯 앉아있는 초록 성체
바람 찬 봄의 행간에
시마詩魔가 돋고 있다

목련이 질 때

사뿐 달뜬 별과 대지 사통하는 돌담 아래
환하게 웃기만 하던 꽃잎들이 떨어진다
우윳빛 치맛자락에 이슬 담뿍 받아 안고

마른 풀 다시 서는 새삼스레 낯선 시간
햇살의 화냥기를 저도 몰래 받았는지
마당가 순결한 봄이 멍 자국을 덮고 있다

살랑대는 바람결에 하늘빛 더 짙은 날은
허울뿐인 언약들이 희부옇게 흩날리고
얼룩진 과거를 씻듯
초록파도 밀려온다

명자꽃 하루

햇살이 하르르 내린

탱자나무 울타리 밑

손톱 깨문 아픈 자리

명자가 숨죽이고

가만히 붉은 입술 들어

노을빛과 눈 맞춘다

겨울 높새

가랑잎 몰고 가는

매몰찬 그 한 사내

굴참나무 앞에 와선

멈칫대며 발 구른다

누더기 시詩의 앞섶에

칼을 대는 경건한 손

시샘달 비수

아직은 날선 바람 꽃샘잎샘 갈마든다
해토머리 성엣장이 하나둘 몸을 풀 때
저 홀로 계엄에 맞선 풀꽃들이 보인다

어쩔한 볕살처럼 봄의 울혈 앓는 날에
비틀대는 걸음걸이 허공만 되밟는데
누굴까, 어둠을 걷고 깃발을 흔드는 이

불쾌한 새벽하늘 불은 더디 타올라도
논두렁 밭두렁에 피어나는 푸른 숨결
일지매—枝梅 겨울의 등에 비수를 확 꽂는다

부부
- 못

완강한 벽을 두고
미당기는 힘의 균형

이물감 떨쳐내듯
살과 살을 섞을 때

비로소 풀리는 빗장
새살 쑥쑥 돋는다

달팽이 화가

빛과 선의 구족화가, 입도 발도 화필畫筆 드네
바람의 손짓 따라 화구를 등에 진 채
지상의 쓸쓸한 숲속,
길 떠나는 보헤미안

하늘샘에 고인 이슬 더듬이로 핥아먹고
돌담 벽, 한 땀 한 땀 끌고 가는 긴 화폭
쉼 없는 오체투지로
하루를 접고 펴며

햇살에 되비쳐오는 투명한 저 붓놀림
꽃피는 화판 가득 삐친 획 길이 될 때
비로소 풍경에 드는
한 생이 오롯하네

고도를 기다리며[*]
- 하와이 첫 국제결혼^{**}

한 줄기 구름처럼 태평양을 건너와서
반얀트리 그늘 아래 펼치는 가설무대
얼굴도, 이름도 모를 그를 홀로 기다린다

리허설도 없는 연극, 덩그런 벤치에서
그리던 그 사람은 해가 져도 오지 않고
낯선 땅 사탕수수밭 바람소리가 시리다

어디로 가야 할까, 좌표 잃은 별이 뜰 때
가만히 손을 내미는 땀 젖은 중의적삼
수수깡 오두막집이 고향처럼 따스하다

훌라 춤을 추며 우는 먼 바다 파도소리
상처 입은 영혼들이 어깨 서로 다독이는
하와이 절해고도絶海孤島에
아침 해가 둥실 뜬다

---

* 사무엘 베케트의 희곡 제목 차용.
** 1902년 하와이에 첫 이민이 시작되었는데 20여년 후 이들과 결혼할 신부를 한국에서 모집했다. 그때 신랑감은 대부분 나이 40~50에 들어선 사람들이란 것을 모른 채, 첫 만남에 웃지 못 할 일화도 있었다 한다.

구상나무 엘레지

하늘만 우러렀나? 온몸이 타들어가도
지리산 제석봉에 둥지를 틀었다지
폭염이 사력을 다해
목덜미를 겁박해도

천둥 벼락 눈보라는 꽃을 위한 세레나데
사랑 한 톨 섬기고자 이 목숨 버려도 좋다
하얗게 뼈를 태운다
천년토록
그리
남을

수련, 봄을 벗다

봄물에 달뜬 햇살 나른해진 연못 속에
세상을 엿보는 듯 몸을 세운 꽃대 하나
수줍게 궁문을 열고 꽃잎 활짝 펼친다

첫새벽 내린 비에 순결한 몸 허락하고
물 위에 피운 꽃술 실바람에 떨고 있다
온몸에 열꽃이 돋나, 붉어지는 정수리

물 주름 접힐 때마다 바람소리 희롱하는
흙탕 갇힌 한 생이 무람한 듯 흐느이고
저 멀리 낮달이 와서 쪽배 한 척 띄운다

컬링

겨울바람 맞장 뜬다
살 에는 추위에도

스톤의 길을 따라
한 점 티 얼비칠라

발 빠른 대걸레질로
얼음판을 달구며

주고받는 삿대질에
시퍼렇게 멍든 하늘

얼음장도 쓸고 닦으면
환한 길 열리는 걸까

돔 지붕
원형경기장
연장전 또 시자이다

경계

포엽 苞葉

풀밭 위의 식사

눈뜨는 아침

멈춰버린 바퀴

로봇놀이

알바 뛰다

우포늪

새벽 꽃제비

호랑버들 눈뜨다

그날 그 탈수기

페이, 낭패 보다

털레기 어죽

03

경계

훌쩍 뛰면 건널 듯한
야트막한 개울 너머

한여름도 얼어붙은
웅크린 섬이 있다

철조망
그물 사이로
두만강은 흐르는데

포엽苞葉

초록빛 블라우스 마지막 단추를 푼다
잎새 사이 하얀 나비 수줍은 눈빛 앞에
꿀벌이 산딸기나무
붕붕 돌다 돌아간다

세상을 바꿀 듯이 창궐하는 바이러스
거짓말처럼 봄은 가고 계절이 아프다
누군가 혼잣말을 하며
돌아앉은 숲속에

하늘이 흔들리고 산자락이 출렁이고
다가선 명지바람 온 몸을 감싸 안는다
아무 일, 아무 일 없다는 듯
봄은 다시 오리라

풀밭 위의 식사

연초록 움이 돋는 공원 한편 산책로에
환절기 코끝 찡한 흙냄새가 스멀댄다
덩달아 길고양이들
송곳니를 세운다

고수레 흘려가며 세모 네모 씹는 소리
국물 없이 반찬 없이 꾸역꾸역 목이 메어
허기에 주려진 눈빛
설움까지 한 입 문다

먼 도시 골목 따라 깨금발로 넘는 길에
앙가슴 안쪽으로 돌을 쪼아 탑 앉히듯
맨발에 닳아진 족문
지도 다시 그린다

눈뜨는 아침

스카프를 목에 두른 도봉산 포대능선
뒤뚱대는 구름 뚫고 햇살 한 점 미끄러져
초록빛 능선을 따라 야금야금 스며든다

절벽 틈새 떨고 있는 곰솔이 위험해도
출렁대는 계곡 물살 곤줄박이 길을 잡고
빌딩숲 정수리 위로 빛살들을 물고 온다

갈색 산 떨잠 꽂고 문신도 새겨 넣고
어둑한 하늘 한 켠 다시금 열리는 아침
적막에 빠진 도시가 골목마다 눈부시다

멈춰버린 바퀴

빗물이 들이친다, 녹슨 안장 스프링에
바큇살에 걸려 우는 끊어진 체인 가닥
지난날 찍힌 지문도 시름시름 지워진다

수심보다 깊은 어둠 구멍 난 가슴골엔
딱 멈춘 시곗바늘 맹골도를 가리키고
사태 진 밀물과 썰물 수평선을 휘젓는다

낙숫물 소리 맞춰 울려오는 사의 찬미
너울을 밀고가면 누군가 올 것만 같아
장맛비 마냥 맞으며 젖은 밤을 지새운다

로봇놀이

날 밝으면 남자들이 로봇이 되는 세상
따가운 아침 햇살 버겁게 울러 매고
윗사람 눈치를 보며 긴 하루를 버틴다

리모컨 주파수에 모든 신경 걸어놓고
커피 잔에 얼비치는 쓴 삶을 되새김하다
날아든 서류 먼지에 마른기침 콜록인다

계좌이체 월급봉투 흔적조차 희미하고
안주 하나 없더라도 술맛 도는 저녁이다
온몸에 씹히고 찢긴 이빨자국 선연하고

불 꺼진 사무실에 그림자만 남은 남자
콘크리트 벽체처럼 굳어버린 경계 너머
속 비운 깡통 소리가 구둣발에 밟힌다

알바 뛰다

툭하면 이삿짐 싸는 K대학 강사 K씨
힘에 부친 중심축에 복사뼈 어긋나고
봄 황사 미세먼지에 숨소리 더 가쁘다

한 주에 여섯 시간 연봉年俸이 껌값이라
어둡고 습한 가슴 박쥐 떼만 우글댄다
지상의 아득한 벼랑 시나브로 다가서고

끝 모를 심연 같은 통점의 뒤꿈치에
헛바닥 날름대는 육식성 도시의 불빛
이참에 햄버거가게 배달원 알바나 뛸까.

우포늪

물안개 제 몸 꼬는 새벽녘 초록 호수

쇠물닭 한 마리가 무대에 오르는 순간

푸드덕 깃을 떠는 소리

조명이 확 켜진다

새벽 꽃제비

하나둘 별빛마저 빠져나간 먼 하늘가
거친 물살 가로지른 벌거숭이 하나가
가쁜 숨 몰래 삼킨다
길 하나를 지운다

입 안에 서걱대는 모래알을 씹으면서
구멍 난 옷가지에 물로 쓰는 가족 이름
한 소년 젖은 울음이
갈대밭을 더듬는다

까슬까슬 마른 입술 혀끝으로 다독이다
어둔 강 건너고 나면 닫힌 문도 열릴까
서릿발 칼바람 새벽
아침은 멀고멀다

호랑버들 눈뜨다

몇 겹의 먹장구름 무동 태운 바람 앞에
저물도록 싸락눈이 휘날리는 이른 봄날
한 켤레 놓인 신발이
긴 겨울을 증언한다

이마 짚은 붉은 햇살 입김 부는 은빛 아침
바위틈에 꽃눈 잎눈 다투어 귀를 열고
연초록 애기호랑이
음표처럼 탄생한다

수액을 길어 올려 말갛게 부푼 그날
우렁찬 소리 높여 첫울음 울리는가
물관부 나선의 그물에
햇살 탱탱 파닥인다

그날 그 탈수기

흠뻑 젖은 수영복의 물기를 빼고 있다

내 것 네 것 할 것 없는 짭조름한 허물들을

탈수기 원통에 넣고 땀내까지 빨아낸다

한 세월 젖고 젖어 굴레에 갇혔던 몸

시간을 되감을수록 정수리가 뜨거워져

가슴속 마른 강에도 피돌기가 쿵쾅댄다

페이pay, 낭패 보다

애지중지 품에 안고 병원에 들어선다
진료비 지불하려 단말기 앞에 설 때
아무리 기를 써 봐도
응답하지 않는다

너를 가둔 핸드폰을 놓칠세라 움켜쥐고
술값도, 택시요금도
슈퍼마켓 장보기도
비밀의 빗장을 풀고 마주잡던 투명한 손

어쩌려고 예고 없이 바보상자 되었는가
안전한 착지점을 찾지 못한 꽃잎처럼
삐끗한 발목을 끌고
사라진 널 찾고 싶다

털레기 어죽

명치끝 고인 울음 물소리로 차오른다
물안개가 덮고 있는 서러운 척추마디
족대 속 물길 거슬러 낯선 강을 세운다

안개 걷힌 강물 밖에 불티가 흩날린다
얼기설기 모닥불에 솥 하나 걸어놓고
천렵의 제단을 찾는 다래끼 속 숨탄것들

둔치에서 숨 고르던 애호박 풋고추도
펄펄 끓는 물속으로 자맥질을 시도한다
덩달아 구름 한 덩이 고명으로 앉히고,

작아도 아린 마늘 속속들이 스며들고
맹물 같은 가슴에도 한소끔 뜸이 들 때
어죽에 쌓인 하루가 국수처럼 풀린다

치자꽃 아다지오

물소리, 바람소리

윤중로 경전

독도여, 독도여

문장대의 아침

검은머리방울새

난도

저승 맛

광화문 한낮

유달산 하늘 길

아차산성 바람소리

솥바위 천년

대마도 나팔소리

04

치자꽃 아다지오

수런대는 소문들이 가지에 걸려 운다
파장 긴 오후 햇살 방충망을 넘나들고
황혼녘 새 한 마리가 창밖을 기웃댄다

바람의 기억들이 몸속으로 스며들 때
허공중에 떠나가는 지난 여름 발자국들
풀빛을 머금은 향이 가을을 손짓한다

해묵은 설렘처럼, 풋풋한 약속처럼
잎사귀 쭈뼛쭈뼛 꼭꼭 여민 계절 앞에
고단한 여정의 멍울
순백으로 표백하며

물소리, 바람소리

고로쇠나무 등에 꽂힌 플라스틱 관을 본다
한때는 청청한 결기 무성한 산이었을
그들도 벗은 몸으로 봄을 새로 맞고 있다

크낙새 울음 같은 빈 숲의 바람소리
겅성드뭇 나무가지 풀빛을 지워버린
너덜겅 바윗돌들이 야윈 뼈를 드러내고

제 몸을 불사르는 붉은 놀 하늘가에
링거줄 길게 늘여 가진 것 다 주려는
아버지 저문 한때를 물소리로 듣는다

윤중로 경전

아내가 차려놓은 노을빛 그 밥상머리
창을 할퀸 칼바람에 고개 숙인 한 사내가
굴곡진 시간의 잔금
수저 위에 펼친다

그럴 쯤 반려견이 식탁 위로 뛰어올라
주인도 뜨기 전에 국사발에 혀를 댄다
하늘 땅 출렁거릴 때
어둠 자락 밀려든다

저마다 가슴 속에 멍울 짓는 도시에서
TV 앞에 무릎 꿇고 멍멍 경전 듣는 저녁
4월의 개 짖는 소리
여의도 벚꽃이 진다

독도여, 독도여

먹구름도 울다 그친 첫새벽 동해바다
일출의 빛살무늬 부챗살로 번져 가고
검푸른 난바다 복판, 섬이 하나 솟는다

울릉도 거친 물살 타넘은 지 두어 시간
밀려드는 파도에도 허리춤 짚고 서서
떼쓰는 족속들 앞에 포효하는 섬이어라

전복 해삼 소라 문어 갈매기 찾아 날고
조선 사람 안용복 그 족보와 계보 잇는
어부도, 이장도 함께 먼 해역을 지킨다

오대양 육대주로 퍼져 가는 태극 해류
밝아오는 해양시대 깃발 높이, 높이 걸 때
동도와 서도 사이로 금빛 햇살 지난다

문장대의 아침

정월 첫날 첫새벽에 문장대를 오른다
치맛자락 펼친 구름 봉우리를 덮고 있고
눈밭을 구르는 아침, 동살이 부서진다

석천의 감로수를 바람이 핥고 간 뒤
옛 왕조 책갈피를 접었다 펼치는 동안
바위에 까치들 모여 결빙을 풀고 있다

계곡을 건너뛰다 물살에 씻긴 햇살
색 바랜 겨울 숲에 사기史記를 펼쳐들고
눈 시린 보청천 따라 야생마로 뛰고 있다

아직은 봄꽃들도 잠에 빠진 이른 시간
조금씩 깨어나는 황토의 속살을 밟고
보은 땅 대추나무가 기지개를 쭈욱 켠다

검은머리방울새

이른 황사 뿌옇게 핀 첫새벽 어둠 안고
검은머리 그 정수리 서릿발 세운 뒤끝
자동차 경적소리에 화들짝, 홰를 친다

가로등 불빛 아래 불면의 밤 보내다가
앙가슴 속 부리 묻고 도시에 갇힌 발목
가파른 골목 어귀에 굽은 등을 기댄다

외등의 그림자에 살얼음이 비낀 거리
휘굽은 등허리로 생의 퍼즐 맞추다 말고
깃 빠진 좁은 어깨로 아침해를 움킨다

난도*

등 기댈 절벽 하나

내게도 간절했다

가볍게 몸을 날릴

텅 빈 겨울 그 끝에서

갓 깬 알 괭이갈매기

그를 품고 싶었다

---

* 충남 태안군에 있는 무인도 괭이갈매기 서식지(천연기념물 334호).

저승 맛

흰 봉투 들고 가서 방명록을 적고 나면
검은 양복 사람들이 눈물 없는 곡을 한다
허공에 파도가 일듯
하늘이 흔들린다

자꾸만 눈물샘을 자극하는 향불연기
까닭 모를 납덩이가 목구멍에 걸릴 때
거나한 종이컵 속에
저승 맛이 배어든다

광화문 한낮

몇 몇 대 소방차가 웽, 웽, 붉게 달려와서
물대포 쏘아대고 거센 불길 잡은 뒤 끝
새들의 날개 터는 소리 허공을 물고 있다

그을린 가로수가 핏기 그만 잃어갈 때
형체만 덩그런 세상 귀퉁이가 금이 간다
매캐한 연기만 남고 화기가 빠진 자리

비에 씻긴 검은 울음 청계천 물들인다
옹송그린 북악산에 음표들이 매달려도
한동안 붉은 소음이 귓바퀴를 맴돈다

유달산 하늘 길

바다에 얹혀있는 위태로운 길이 있다
섬과 섬 사이사이 아침 해 솟을 때면
바람도 그 길을 따라 밀썰물로 흐른다

날마다 발밑으로 지나가는 저 연락선
뭐 그리 바쁜 건지 눈길조차 주지 않고
고하도 푸른 하늘에 놀구름만 흩는다

다도해에 엉켜있는 차고 맑은 시간들
삼각파도 거친 물살 재우고 달래면서
유달산 해상케이블카 허공 한끝 끌고 간다

아차산성 바람소리

마당바위 쏟아지던 폭포수가 말라있다
굽은 허리 설핏 내준 산마루 올라서면
말레길 먼저 달려온 바람이 길을 연다

창백한 민낯으로 몰래 뜬 낮달 한 채
약수터 쉼터 지나 가쁜 숨 몰아쉴 쯤
저마다 배낭에 꾸린 말씀들을 풀어놓고

무너진 성벽 한편 옛 전설 묻어 둔 자리
왕조의 일필휘지 고요마저 삼켜버리고
삼족오三足烏 날갯짓 같은
바람소리 일어선다

솥바위* 천년

누천년 물결 위를 부침하는 돌섬 하나
임진년 솥발 아래 아린 상처 묻어두고
살 비린 윤슬 너머로
남강을 굽어본다

출렁이고 부대끼다 물안개 짙은 날은
현고수懸鼓樹에 걸린 함성 강바닥을 에돌고
옷자락 붉게 물들인
한 사내를 기다린다

그날 그 물빛처럼 노을빛 번져나는
서녘 하늘 우러르다 몰래 젖는 가슴 한쪽
독도의 파도소리가
다시 북을 울린다

---

* 경남 의령 정암리 소재. 임진왜란 당시 전국 최초로 의병을 일으킨 홍의장군 곽재우가 왜적을 물리친 곳이다.

대마도 나팔소리

망국의 서러움이 빗돌로 선 청수산에
덕혜옹주 발자국이 옹이로 남아 있다
형제섬 한 입에 삼킬 듯
포효하는 저 바다

깎아지른 절벽 아래 목이 쉰 숨비소리
하얀 이빨 앙다물고 통째로 부서지는
파도가 온몸을 누일
조국은 없는 건가

마른 입술 깨문 채로 옛 기억 더듬으며
가슴에 박힌 대못 현해탄에 내던질 때
양후공襄厚公* 우렁우렁한
나팔소리 들린다

---

* 조선 세종1년(1419) 대마도를 정벌한 이종무 장군.

막사발 햇귀

꽃무릇 별사

데린쿠유

피전밸리Pigeon Valley

미역귀 세우다

쑥의 습격

울돌목 토네이도

바위 도시

징

상대포구

바이올린 소나타

놋

봄, 다시

05

막사발 햇귀

발묵 가만 번져나는

물안개 핀 청평호반

손때 묻은 아침 창가

햇귀 한끝 부려 놓고

또 다시

탁본을 뜬다,

몰락한 왕조사를

꽃무릇 별사

돋을볕 선 꽃대 위로

번지는 아침노을

깨지 못한 상사의 밤

잉걸불을 지핀 걸까

불갑사

천년 산자락

꽃상여를 메고 간다

데린쿠유*

햇볕 한 점 들지 않는 땅속의 미로에서
숨죽인 채 옹그리고 먼 시대를 떠올린다
가파른 지상의 한때 씨줄 날줄 얽혀있는

돌쩌귀 녹슨 시간 동굴 같은 쪽문 안에
기도하듯 주문 외듯 울려오는 망치소리
정 끝에 온 힘을 모아 십자가도 새겼으리

어둠의 거리만큼 허방 같은 시간인 걸
푸석돌 아궁이에 밥 짓는 연기 피고
흙벽의 프레스코화 숨결소리 들려온다

사시장철 댑바람에 우물처럼 깊어진 도시
닳고 닳은 두레박줄 그 끝을 잡고 설 때
노을도 참았던 울음 와락 그리 쏟고 있다

---

* 기원전 7~8세기경부터 만들어진 지하 18층쯤 된다는 터키 최대 지하도시.

피전밸리 Pigeon Valley*

산새들도 깃을 접는 후미진 벼랑 끝에
시간을 깎고 쪼아 터를 잡은 석굴 교회
정 소리, 망치소리가
하늘까지 울렸겠다

성화聖畵로 받들었던 오래된 십자가 하나
때때로 아잔소리 석굴 속에 파문 일 때
지나던 바람마저도
뒤꿈치를 들었을까

알에서 색을 찾던 수사修士는 간 데 없고
비둘기 여태 남아 바위틈에 알을 낳는데
삼원색 감탄부호가
만국어로 찍힌다

---

* 터키 카파도키아에 있는 기독교 유적지. 응회암 절벽에 석굴을 파고 산 기독교인들은 비둘기의 배설물을 모아 포도밭 비료로 사용하며 비둘기 알에서 채취한 염료로 석굴예배당에 성화를 그렸다고 한다.

미역귀 세우다

바윗돌 깎고 다듬는 추자도 세찬 물살
해조음에 닳고 닳은 먹먹한 귀를 세워
핏물 밴 수중 해초들 아우성을 듣는다

흘림체로 휘갈기는 검푸른 행간에는
노랜 듯 외침인 듯 뜻 모를 자모들이
눈뜬 채 끌려 나와서 돌꽃 활짝 피운다

소용돌이 깊은 바다 까치놀도 잠재우고
난청의 애저녁을 손짓말로 풀어낼 때
미역귀 마디마디에 달빛 환히 걸린다

쏙의 습격

선재도 검은 펄에 섬과 섬 잇는 길목
갑옷을 등에 업고 바지락이 길을 낸다
쏙 쏙 쏙 골 진 등허리 물방울 번지는 날

마파람 해무 물고 뭍에 저리 부서져도
들불같이, 깃발 같이 숨죽인 저 되놈 배
떼 지어 아버지 바다 저인망을 내리고

성난 파도 먼발치서 갯고랑 다 내주고
경계 없는 지하 셋방 햇살 이운 창문 너머
해종일 죽지 휜 등대 가쁜 숨을 고른다

울돌목 토네이도

해오라기 푸른 깃털 벙거지 꼭지 끝에
빗소리 참대 울린 너럭바위 등 너머로
큰북을 두드릴수록
동그랗게 도는 상모

허리를 슬몃 돌아 무릎보다 발이 먼저
어깨 들썩 신명 겨워 머리를 휘젓는다
열두 발 물살을 끌고
덩더꿍 따, 덩더꿍

울돌목 때려대는 밀물 썰물 해조음海潮音이
쇠밧줄에 걸린 왜적, 목쉰 울음 들리는 듯
쌩 쌩 쌩 저 토네이도
먼 바다 길을 낸다

바위 도시

희붐한 새벽하늘 안개 속에 서늘하다
제 몸을 시나브로 여며가던 바위들이
잘 벼린 송곳이빨을 하나둘씩 드러낸다

깔때기 엎어놓듯 깎아지른 기암절벽
아득한 인기척은 누구의 숨소리인가
눈앞의 카파도키아* 동굴도 눈을 뜬다

역사의 긴 고삐를 일순간 낚아채서
옛 자취 톺아가는 아잔소리 드높을 때
이, 저승 경계를 딛고 무릎 꿇은 사람들

눈부시게 다가오는 세월의 아픈 이빨로
잇자국 하나 없이 안으로만 물어뜯는
참 맑은 구름집 한 채
고원 위에 걸려있다

---

* 터키 중남부에 있는 고대 유적지. 로마인들로부터 도망쳐 온 기독교도의 삶의 터전으로 시작됐으나 7세기 중반 이슬람 왕조의 침공을 받게 되자 신자들은 동굴이나 바위에 구멍을 뚫어 지하도시를 건설해 끝까지 신앙을 지키며 살았다.

징

사각의 형틀 위에

속절없이 매달린 채

바른 대로 고하거라,

볼기짝을 후려친다

하늘 쩡!

휘감는 소리

하소인 듯

통곡인 듯

상대포구

어쩌다 정자에 오른 연잎향 혀를 감고
데워진 후각에서 왕국의 냄새가 난다
비릿한 가슴 안쪽을 의자에 앉힌 아침

갇혀 있던 호수물도 바다를 꿈꾸는지
물구나무선 상대정上臺亭을 부력으로 떠받든다
둔덕엔 백제 발자국 천자문이 찍혀있다

바다 건너 섬 사람들 어르고 일깨워서
눈과 귀 틔워주며 새 날 열던 왕인 박사
바람이 훑고 간 자리 연꽃으로 다시 핀다

바이올린 소나타
- 모차르트

가락에도 길이 있다, 날아드는 음표 따라
잘츠부르크 발치께서 옷깃 다시 여미우고
바람도 뒤설레 치며 귀동냥을 하는 날

아버지 손을 잡고 음악여행 떠난 아이
하르르 차오르는 햇살 듬뿍 끌어안은 채
안으로 빗장 지른 문 활짝 열어 보인다

자필 악보 피아노며 손때 묻은 바이올린
실을 뜨듯 구슬 치듯 가지런히 펼친 손가락
달큼한 선율에 취한 새 한 마리 날아든다

붉은 비늘 떨군 꽃술 맨발의 봄도 잊고
볼프강이 그렸다는 소나타 한 소절에
이방의 골목골목이 백야처럼 환해진다

놋

비빔밥이 특기라는 장안의 소문난 맛집
놋그릇 수북이 담긴 해묵은 야사를 본다
꽁보리 허기도 같은,
푸성귀 허세도 같은

혀끝에 젖어드는 먼 옛날 뒷맛인가
벌건 식욕 수저질에 뒤섞인 밥과 나물
이른 봄 송기를 찾던
내 유년이 끌려온다

기름진 배를 불린 사람들 용트림에
빛바랜 한 시대가 개수대로 사라지고
은백색 스테인리스
숟가락을 놓는다

봄, 다시

기차도 마스크 쓴 동대구역 플랫폼에
코로나 바이러스 속울음이 번져난다
한 사내 검은 가방 속 청진기도 떨린다

볕 좋이 내리쬐는 역 광장 한 편에서
노랑 분홍 꽃모종을 이에 저에 놓는 손들
뭉크의 한 획 절규가 팬지꽃에 번져난다

모서리 둥글어진 숨찬 하루 밀어내며
콘크리트 틈새마다 봄을 새로 지피려는
백발의 공공근로자 발걸음이 분주하다

■ 작품 해설

시·공간을 관통하는
상상과 실재

임채성(시조시인)

  우리가 몸담고 있는 시간은 언제나 현재만이 존재한다. 그 현재가 현실이고 존재의 실체이다. 그러나 우리가 의식하는 실재는 지나간 과거 속에도 있고, 다가올 미래에도 있다. 과거를 들추어내는 것은 현재나 미래의 삶에 아무런 도움이 되지 않는다는 주장도 있다. 그렇지만 과거는 현재와의 단절이 아닌 진행형의 시간이다. 우리의 기억은 과거를 드러내 질문을 던짐으로써 현재를 성찰하고 더 나은 미래를 꿈꾸게 한다. 현재와 과거를 잇는 매개물은 결국 '기억'이라는 의식의 끈이다. 기억은 과거의 나를 붙잡아 현재에 머물게 하는 것을 넘어서 미래에까지 영향을 미친다. 기억은 그것이 지워지지 않는 한, 현재와 미래의 삶에 지속적으로 관여한다. 어떤 기억들은 자신의 것이 아니었던 무언가를 결국 자신의 삶으로 가져오게 한다. 따라서 해결되지 않은 과거는 미래의 업보로 작용하는 것이다.

장은수 시인은 이러한 과거의 기억을 반추해 새로운 미래를 지향한다. 길가의 풀꽃처럼, 수풀 속 달팽이처럼 살다 간 수많은 존재들을 진혼하는 것이다. 시인은 끊임없이 다른 모습으로 현전하는 이름 없는 존재들을 서사적 맥락으로 엮어 과거와 현재의 복합적 시공간 속에 다시 불러 모은다. 아울러 근대성과 현대성을 두루 경험한 노회한 시선으로 비극적 장면과 구조화된 신화를 재현하며 사회 속 주변인의 자리를 끊임없이 되묻는다. 섬세하고 다층적인 사유를 기반으로 역사의 현장에서 잊힌 존재들, 그 순간 속에 머물러 있는 찬란한 것들에 말을 걸며 관계 맺기를 이어간다. 그의 두 번째 시조집 『풀밭 위의 식사』는 이처럼 과거와 현재라는 묵시적 시공간을 딛고 일어서는 서정적 자아의 구원과 비상의 에너지를 형상화하고 있다.

시간적 순차구조에만 초점을 맞추면 시집 속의 세계는 3개의 축으로 나눌 수 있다. 그 밑바탕에는 사회라는 큰 바퀴와 개인의 기억이라는 과거가 있다. 그 과거를 딛고 일어서면 현실이라는 장벽이 가로막는다. 청산되지 못한 과거가 하릴없는 현실의 고뇌로 이어지는 것이다. 이 지점에서 시인은 새로운 전환을 시도한다. 과거에 발목이 잡혀 앞으로 나아가지 못하는 현실에 대한 반성이자 깨달음이다. 청산되지 않은 과거라 할지라도 앞날에 걸림돌이 된다면 과감하게 끊어낼 수 있다는, 끊어야 한다는 확고한 의지를 보여주는 것이다.

이러한 세 개의 축을 시간의 틀로만 바라보면 재미가 반감된다. 프랑스의 철학자이자 정신분석학자인 라캉Jacques Lacan의 정신분석이론으로 바라보면, 그 풍성한 묘미를 만끽할 수 있다. 라캉은 우리의 현실이 상상계the Imaginary, 상징계the Symbolic, 실재계the Real라는 3개의 차원으로 구성된다고 이야기했다. 상상계가 상징적 질서 이전의 개인이 가지는 인식 혹은 감각이라면, 상징계는 인간에게 사회적으로 구조화되는 질서적인 체계를 보여준다. 실재계는 실재하지만 실재하지 않는 모순적이고 역설적인 세계이다.『풀밭 위의 식사』는 이런 라캉적 사유를 우리가 경험하는 시공간 속에 그럴 듯하게 투영하면서도 희비극이 교차하도록 미학적으로 변주한다. 상상계의 자아는 유토피아를 찾는 이상주의자의 모습으로, 상징계의 자아는 세상 풍파에 닳고 닳은 존재로, 그리고 실재계 속 자아는 일면 현실적이지만 알고 보면 '몽상가'에 가까운 존재로 그려내고 있는 것이다.

1. 상상계 : 과거의 기억과 서사의 확장

정신분석학에서 인간은 기본적으로 미숙하게 태어난 존재들이다. 스스로 '앎'의 세계를 열어가는 것이 아니라 거울에 비친 자신의 모습을 보고 그것을 통해 자아를 발견하게 되다 사람의 꼴을 갖추었지만 아직 성체가 되지 못한 불완

전한 신체의 단계, 이 시기에 중요한 것은 두 개의 존재이다. 하나는 자기에게 먹을 것을 주며 돌봐주는 보호자의 존재, 다른 하나는 그 배려 속에 있는 자기 자신이다. 엄마와 유아, 부모와 자식으로 대표되는 관계는 이 시기 미성숙의 자아가 경험하는 세계의 전부이다. 존재라는 그 자체만으로도 완벽한 충족감을 느낄 수 있는 과거의 기억은 그래서 평생을 두고 잊을 수 없는 각인이 된다.

> 붉덩물에 발을 묻고 하늘을 우러른다
> 골다공증 깊어가도 곧추세운 굽은 허리
> 이따금 소소리바람 꽃대 밀어 올리고
>
> 펄 속에 잠긴 유년 피고 지는 한세월도
> 선득한 눈빛 두엇 잎사귀에 풀어놓고
> 남루의 젖은 땅마저 향기 흠뻑 적신다
>
> 가르마 선을 따라 햇살이 눈부실 때
> 흰 꽃잎 가만 보면 가부좌한 내 어머니
> 당신은 그 빛 속에서 염화시중 벌고 있다
>
> ―「흰, 연」 전문

시인이란 때때로 제 상처를 스스로 핥아대는 짐승 같은 존재다. 이 특이한 생명체는 제 안에서 자라나는 절망과 어둠을 양식으로 삼는다. 장은수 시인도 마찬가지다. 그는 평생 동안 가슴 한 구석에 어린 시절의 기억을 끌어안고 살아간다. 그 기억은 대체로 어머니와 아버지의 존재를 통해 되살아난다. 현재와 과거의 경계에 선 시인은 그래서 다이버처럼 가쁜 호흡을 참아가며 의식의 심연까지 내려갔다 올라오기를 반복한다.「흰, 연」에 나타난 유년의 이미지는 한 떨기 연꽃 같은 어머니의 모습이다. 중국 북송시대 유학자 주돈이는「애련설愛蓮說」에서 연꽃을 군자의 꽃으로 칭송했다. "진흙 속에서 나왔으나 더럽혀지지 않고, 맑은 물 잔물결에 씻겨도 요염하지 않고, 속은 비었으나 밖은 곧으며, 덩굴은 뻗지 않고 가지도 없으며, 향기는 멀수록 더욱 맑고, 우뚝하고 깨끗하게 서 있으니 멀리서 바라볼 수는 있되 함부로 다룰 수는 없다"는 것이 그가 연꽃을 사랑하는 이유였다. 이처럼 청정하고 아름다운 연꽃의 이미지는 '어머니'라는 성스러운 존재로 전위된다. "붉덩물에 발을 묻고" "골다공증 깊어가도" "굽은 허리" "곧추세"워 "꽃대 밀어 올리"는 존재, "남루의 젖은 땅마저 향기 흠뻑 적시"는 존재가 "어머니"다. 현실을 달관한 초자연이자 시공간을 뛰어넘은 초월자인 어머니로서의 연꽃은 서정주의「국화 옆에서」에 나타난 '국화와 누님'의 이미지와도 상통한다. 제목에 굳이 "흰"이라는 수식어를 넣어 "연"을 강조한 것은 이 세상 절대자였던 어머니의 청정 고고한 이미지를 드높이려는 의도이다. 세파에 물들지 않고 꿋꿋하게 살다간 어머니의 가르침을 이제야 깨달은 듯

한 "염화시중"이란 시어가 시·공간을 이어주는 상상의 끈으로 작용하고 있다.

  1.
  수만 구멍 숨을 죽인 와온 해변 갈대밭 끝
  짱뚱어 노려보던 흰 구름도 흘러간 뒤
  사뿐히 노랑부리저어새 갯벌에 진을 친다

  2.
  끓는 노을 한 입 물고 삿자리 누운 아버지
  어장에 든 새를 쫓듯 휘이 휘이 손 흔들다
  마른 혀 연방 축이며 먼 허공만 응시한다

  3.
  쓰나미 또 몰려오나, 허기진 섬과 섬에
  날선 칼끝 곧추세워 노려보는 저 왜구들
  왜바람 푸른 촉 앞에 난바다가 일어선다

                                -「일어서는 바다」 전문

   장은수 시인이 그리고 있는 상상계는 「훤, 연」에서 보았듯이 주로 과거의 기억을 통해 반추된다. 그 기억 속에는 '어머니'와 함께 '아버지'도 자리한다. 어머니가 내적인 안온함을 주는 보호자라면, 아버지는 외부로부터의 바람막이 역할을 하는 파수꾼이다. 파수꾼이 제 역할을 못하거나 기력이 쇠하게 되면 위기가 찾아올 수밖에 없다.「일어서는 바다」에는 "삿자리 누운 아버지"가 있다. "와온 해변"에 흩어져 있는 "수만 구멍"들은 시적 자아가 거처하는 동류의 공간이다. 아마도 "짱뚱어"로 표상되는 힘없는 존재들의 마지막 은신처일 것이다. 그곳의 아버지는 "마른 혀 연방 축이며 먼 허공만 응시"하는 무력한 파수꾼이다. "노랑부리저어새"가 "날선 칼끝 곧추세워"도 어찌할 방책이 없다. 이처럼 무력하게 그려진 아버지는 일제강점기의 사회지도층을 표상한다. 이는 제국주의로부터 제 나라 백성을 지키지 못한 역사적 사실에 대한 은유이자 재발을 우려하는 경종의 목소리다. 바닷가 갯벌에서 바라본 풍경 위에 개인적 경험을 서사로 엮어 집단무의식으로 확장하고 있는 것이다. 서경을 서사로 끌어올려 매조지는 상상의 세계가 "난바다가 일어서"듯 역동적으로 다가온다.

    햇볕 한 점 들지 않는 땅속의 미로에서
    숨죽인 채 옹그리고 먼 시대를 떠올린다
    가파른 지상의 한때 씨줄 날줄 얽혀있는

    돌쩌귀 녹슨 시간 동굴 같은 쪽문 안에
    기도하듯 주문 외듯 울려오는 망치소리
    징 끝에 온 힘을 모아 십자가도 새겼으리

어둠의 거리만큼 허방 같은 시간인 걸
푸석돌 아궁이에 밥 짓는 연기 피고
흙벽의 프레스코화 숨결소리 들려온다

사시장철 댑바람에 우물처럼 깊어진 도시
닳고 닳은 두레박줄 그 끝을 잡고 설 때
노을도 참았던 울음 와락 그리 쏟고 있다

- 「데린쿠유」 전문

　과거의 역사적 사실에 기반한 상상적 서사는 우리나라 배경뿐만 아니라 해외에서도 발현된다. 「데린쿠유」는 시공간을 초월하는 인간의 보편성을 담보하고 있다는 점에서 주목된다. '깊은 우물'이란 뜻의 '데린쿠유Derinkuyu'는 터키 카파도키아에서 발견된 지역최대 지하도시의 이름이다. 혹독한 날씨와 외부의 침략자들로부터 보호받기 위해 만들어진 이곳은 최대 3만 명의 주민이 거주하고 있었을 것으로 추정된다. 상상계는 사회와 구별되는 개인의 주체적인 영역을 가리킨다. 인식이 없으면 어떠한 사건도 존재하지 않는다. 사회에서 벌어지는 사건들은 모두 상상계의 인식을 통해 개인에게 받아들여진다. 이런 측면에서 상상계는 인간 개인에게 가장 근본적인 영역이라 할 수 있다. 「데린쿠유」에서 시인이 "먼 시대를 떠올리"고 있는 곳은 "햇볕 한 점 들지 않는 땅속의 미로"이다.

상상계 속 존재는 현실을 바로보지 못하고 환상이 투영된 거울 속 자아상에 심취한다. 거울 속의 세계는 현실의 반영이 아닌 유토피아적 이상향에 대한 꿈이다. 하지만 "땅속의 미로"에서는 환상이 투영된 거울을 볼 수 없다. 시인은 오롯한 상상력만으로 '데린쿠유'에 살았던 사람들과의 동일시를 경험한다. "기도하듯 주문 외듯 울려오는 망치소리"를 통해 의식의 빙의와 개별 자아들의 합일이 이루어진다. 어둠의 미립자에 투영된 데린쿠유의 자아와 시인의 자아가 맞닥뜨리는 순간, 상상계의 질서도 실체적 이미지로 재편된다. "노을도 참았던 울음 와락" 쏟아버리는 카타르시스의 감정은 서정적 주체로서의 자기회귀가 아닌 인간보편성의 차원으로 확장되는 것이다. 이처럼 개인에서 사회로의 확장된 서사는 "삼족오 날갯짓 같은 바람소리"(「아차산성 바람소리」)를 일으키고, "현고수懸鼓樹에 걸린 함성"이 "독도의 파도소리"가 되어 "다시 북을 울리"(「솥바위 천년」)는 환상도 경험한다. "양후공良厚公 우렁우렁한 나팔소리"(「대마도 나팔소리」)를 듣고 "이, 저승 경계를 딛고 무릎 꿇은 사람들"(「바위도시」)을 찾아가는 상상의 여정이 미학적 스펙트럼을 더욱 다채롭게 하고 있다.

2. 상징계 : 불가능한 현실과 언어도단의 세계

상징계는 현실의 영역이다. 상상계 속의 존재가 개인적인 욕망을 버리고 들어가는 법과 규칙의 세계가 상징계다. 라캉은 개인과 사회의 관계를 사회의 의미화를 벗어나려는 개인의 투쟁으로 파악한다. 생각은 항상 언어의 형태로 나타나고, 따라서 주체 안에는 진정한 자아가 없다고 한다. 생각의 주체는 자아가 아니라 언어라는 것이다. 동물들도 소리를 통해 간단한 의사소통을 할 수 있다. 하지만 복잡한 정보를 정리하고, 다른 인간 개체에 대한 뒷말을 전하고, 실재하지 않는 허구의 세계에 대해 설명할 수 있는 유연함은 인간의 언어가 가지는 고유한 특징이다. 인간은 언어를 통해 상상의 질서를 창조하고 문자라는 기호체계를 고안해냈기 때문에 사회와 문화라는 대규모 협력망을 엮을 수 있었다. 비현실의 세계를 이야기할 수 있는 언어의 힘, 그것이 오늘날 우리가 이야기하는 상상력이자 창의력이다. '상징계'에서 주체는 타자를 향해 자기를 표상하고자 하지만 거기에는 불가능이라는 전제가 따른다. 현실을 지배하는 것은 이 불가능과 연계된다. 장은수 시인은 인간사회의 복잡다단함을 시조로 형상화함에 있어 주변부로 내몰린 자아, 즉 타자의 눈과 목소리를 통해 불가능한 삶의 현장과 부조리한 상황들을 스케치한다.

> 아내가 차려놓은 노을빛 그 밥상머리
> 창을 할퀸 칼바람에 고개 숙인 한 사내가
> 굴곡진 시간의 잔금
> 수저 위에 펼친다

그럴 쯤 반려견이 식탁 위로 뛰어올라
주인도 뜨기 전에 국사발에 혀를 댄다
하늘 땅 출렁거릴 때
어둠 자락 밀려든다

저마다 가슴 속에 멍울 짓는 도시에서
TV 앞에 무릎 꿇고 멍멍 경전 듣는 저녁
4월의 개 짖는 소리
여의도 벚꽃이 진다

－「윤중로 경전」 전문

  현대는 수많은 가치들이 공존하면서 사회를 보다 역동적으로 만들어가는 다양성의 시대다. 그 속에서 개인은 선택의 자유를 만끽하며 자신의 개성을 즐기려 한다. 하지만 사회적 가치의 다양화는 개인의 정신 구조마저도 다양하게 유도함으로써 사회적 갈등으로 표출되기도 한다. 정신분석 정치이론가인 프레드 알포드Fred Alford는 이를 가리켜 '동시성적 자아Synchronic self'라고 불렀다. '동시 다중적 자아'라고도 표현할 수 있는 동시성적 자아를 가진 사람에게서는 일정한 논리를 찾기가 어렵다. 그때그때 상황에 따라 다양한 논리를 사용하기 때문에 오직 자기 입장의 변호나 변명의 말만 늘어놓게 된다. 대한민국 정치인들이 자기주장만을 정당화하려는 경향을 보이는 것은 이러한 동시성적 자아의 무의식이 존재하기 때문이다. 여당과 야당, 계파와 계파 간의 정치적 논쟁이나 갈등에 있어서 논리적 일관성을 깨뜨리며 말을 자주 바꾸는 것도 이러한 이유에서 비롯된다.

「윤중로 경전」은 이러한 동시성적 자아에 주목한 작품이다. 우리나라 정치 1번지로 통하는 여의도 국회의 모습을 저녁밥상에 뛰어오르는 애완견과 오버랩 시켜 보여준다. "아내가 차려놓은" 밥상머리에 "칼바람에 고개 숙인 한 사내"가 있다. "굴곡진 시간의 잔금"을 "수저 위에 펼치"는 그 시간은 신산하기 짝이 없다. 그런데 "주인도 뜨기 전에" "반려견이 식탁 위로 뛰어오"르는 사태가 벌어진다. 그럴 즈음 TV에서 정치뉴스가 들리고, "4월의 개 짖는 소리"에 "여의도 벚꽃"이 지고 만다. 이 시조는 그리 어렵지 않은 은유와 상징체계로 이루어져 있다. 팍팍한 삶이 있는 일반적인 가정의 모습과 그런 보통의 서민들이 피땀 흘려 이룩해놓은 사회라는 시스템 안에서, 주인보다 먼저 배를 채우겠다는 개의 모습은 파렴치한 정치인을 연상시킨다. 선거 때만 되면 국민의 심부름꾼을 자처하지만 선거가 끝나면 국민 위에 군림하려는 국회의원들의 특권의식은 전형적인 '동시성적 자아'의 표본이다. 입으로는 동반과 반려를 외치지만 어디에서도 함께의 가치를 찾아볼 수 없기 때문이다. 이리저리 말 바꾸기를 일삼는 정치인들의 언사를 시인은 그래서 '멍멍 경전'이라 칭한다. 직설적으로 표현하자면 '개소리'라는 의미겠다. 그 '개소리'는 꽃을 피우기는커녕 꽃을 지게 만드는 원흉으로 작용한다.

정치인들의 화려한 말잔치 뒤에 감추어진 위선의 실체를 반어적으로 풀어놓고 있는 것이다.

    명치끝 고인 울음 물소리로 차오른다
    물안개가 덮고 있는 서러운 척추마디
    족대 속 물길 거슬러 낯선 강을 세운다

    안개 걷힌 강물 밖에 불티가 흩날린다
    얼기설기 모닥불에 솥 하나 걸어놓고
    천렵의 제단을 찾는 다래끼 속 숨탄것들

    둔치에서 숨 고르던 애호박 풋고추도
    펄펄 끓는 물속으로 자맥질을 시도한다
    덩달아 구름 한 덩이 고명으로 앉히고,

    작아도 아린 마늘 속속들이 스며들고
    맹물 같은 가슴에도 한소끔 뜸이 들 때
    어죽에 쌓인 하루가 국수처럼 풀린다

                                      -「털레기 어죽」 전문

  정치가 구원이 되지 못하는 현실에서 서민들이 걱정해야 할 '석 자의 코'는 일용할 양식이다. 먹기 위해 사는 것이 아니라고 하지만, 문제는 그 먹는 행위의 질이다. 남들보다 더 잘 먹고, 더 잘 입고, 더 좋은 집에서 살고 싶은 욕망은 세속을 초탈한 석가모니 같은 사람이 아니라면 누구에게나 있는 본능적 욕구다. 그런 면에서 욕망의 본질은 '먹는 것'으로 수렴된다. 이러한 근본 욕망을 충족시키는 정도에 따라 우리들 삶의 질은 결정된다. 상징계의 존재들은 '배부른 돼지'라는 말을 듣기도 싫고, '배고픈 소크라테스'가 되는 것도 싫어한다. 결국 삶의 질이라는 주관적 잣대는 개인적인 만족도와 주위의 평판에 좌우되는 것이다.

「털레기 어죽」은 이러한 먹는 것의 욕망과 반대급부에 대한 서사적 은유다. '털레기'라는 말은 온갖 재료를 한데 모아 털어 넣는다고 하여 붙은 말이다. 그런데 이 어죽은 생존을 위한 '일용할 양식'의 개념이 아니다. "모닥불에 솥 하나 걸어놓"고 벌이는 "천렵" 행위이다. 재미를 추구하는 놀이든, 더위를 피하기 위한 피서의 방편이든 천렵을 하고 있는 시적 자아의 마음은 즐겁지 않다. 시끌벅적한 웃음소리 대신 무젖은 분위기가 우러난다. 그 이유는 "다래끼 속 숨탄것들"의 마음을 알아차렸기 때문이다. 꼭 필요하지도 않은 일에 희생당하는 사회적 타자들의 한스러운 "울음"이 "명치끝"에 고여 "물소리로 차오르"고 있는 것이다. 그래서 시인은 이를 "천렵의 제단"으로 표현했다. 일부의 뱃속을 채우는 일에 희생과 봉사를 강요당하는 수많은 타자들은 평등세상을 갈구하는 상징이자 염원이다. 조르조 아감벤Giorgio Agamben이 설파한 차별과 배제의 대상으로서 벌거벗은 생명을 가리키는 호모 사케르Homo Sacer와도 연결된다. 호모 사케르가 이룩한 현대사회와 자본주의 계급의 서열화가 과연 온당한 것인가에 대한 물음을 이 작품은 던지고 있는 것이다.

한 뼘 담장 밑에 장미꽃을 심어놓고

가끔씩 물을 주며 몇 달을 다독인다

장미가 웃는다는 말 은유인 줄 알았다

이파리 생채기에도 잠 못 들고 뒤척여도

꽃이 말을 한다는 것 믿지 않고 살았는데

이제는 화사한 낯을 내 어깨에 기댄다

혼자 입술 깨물며 울기까지 한다는 건

은밀한 관계인가, 영문 모를 연인이여

더 이상 감당키 어려워

못들은 척!

　　모르는 척!
—「척」 전문

　상징계 속 존재는 언어와 규칙을 통해 세상살이의 고단함과 그것을 극복할 처세술에 눈을 뜬다. 하지만 진짜 현실은 개인으로써 어쩔 수 없는 언어도단의 세계다. 언어와 논리로 포착할 수 없을 뿐만 아니라 희망과 상상만으로는 그 답을 찾기 어렵다. 그래서 상황에 따라 가면을 쓰거나, 선웃음을 짓는 겉과 속이 다른 이중적인 자아를 양산한다. 보고도 못 본 척, 들어도 못들은 척, 알아도 모르는 척 하는 것이 속 편하기 때문이다. 장은수 시인도 「척」에서 현실과의 타협을 위해 웅크릴 수밖에 없는 소극적 자아를 보여준다. 그러나 시인이 추구하는 '척'의 행태는 현실로부터의 도피나 회피가 아니다. 나름대로는 현실과의 불편한 동거를 개선하기 위한 노력의 일부로 보인다. "한 뼘 담장 밑에 장미꽃을 심어놓고// 가끔씩 물을 주며 몇 달을 다독이"는 행위는 자신이 몸담고 있는 현실을 보다 아름답고 다채롭게 하기 위한 개인적인 노력이다. 그러한 노력에 대한 보답도 있다. 꽃이 웃고, 말을 건네는 것을 알아차렸기 때문이다. 그 순간 이 관계는 예기치 못한 상황으로 흐른다. 관계 맺는 것 자체를 부담스러워하기 시작한 것이다. 일방통행 식 은밀한 관계

만을 바랐던 시적 자아는 여기서 관계의 파탄을 선언하고 만다. "못 들은 척!// 모르는 척!" 하면서. 이는 관계 맺기를 두려워하며 개인적인 삶의 테두리 안에서만 행복을 추구하는 현대인들에 대한 가벼운 풍자다. 이 작품 속의 화자는 내 것이 아닌 일에는 무반응으로 일관하며 조용히 살아가거나, 깊은 관계보다는 가벼운 섹스로 욕구만을 채우려는 사람, 결혼은 하지 않고 연애만 하겠다는 현대인의 초상이다. 참을 수 없는 존재의 가벼움이 관계 맺기라는 행위의 파탄을 통해 잘 드러나고 있다.

이처럼 어찌할 수 없는 현실에서 맞닥뜨리는 불가능과 부조리한 상황들에 대한 시인의 개성적인 눈길은 다른 시편에서도 엿보인다. "지울 수 없는 얼룩들을/ 제 안에 그러안고 속으로만" 눈물을 삼키는 「인동덩굴」, "중심을 잃고 바람 앞에 혼절하"는 "낙엽"(「낙엽 반란」), "층마다 할증운임 빈 지게에 쌓"고 있는 "사내"(「거미의 아침」)의 존재는 이런 상황을 에두르는 심층적 알레고리로 작용한다. 말로는 어찌할 수 없는 언어도단의 현실이 고도의 상징체계로 발현되고 있는 것이다.

3. 실재계 : 충만의 미래를 찾아가는 초월적 의지

상상계는 이미지의 세계이고, 상징계는 언어의 세계이다. 하지만 인식 주체들의 감정, 상상, 표상이 그들의 이미지나 언어로는 표현될 수 없는 지점이 있다. 그것은 그들의 이미지나 언어를 넘어서 있기 때문이다. 상상계와 상징계를 넘어선 이곳이 바로 실재계다. 가장 근본적인 의미에서 실재계는 상징계의 의미화 작용이 실패로 돌아가는 지점을 가리킨다. 그래서 실재하는 대상은 이미지로도 언어로도 포착되지 않는다. 상상계와 상징계를 넘어서 있으면서도 상상계와 상징계를 가능하도록 만드는 것, 그것이 실재계의 모습이다. 라캉의 정신분석학에서 실재는 늘 현실을 붕괴시킨다. 그로 인해 실재계는 때때로 죽음으로써 이해된다. 죽음을 아름답게 미화시켜 죽음과 하나가 되고자 한다. 실재계에서의 삶이란, 죽음으로 가는 여정의 속도를 늦추는 과정이다. 그래서 죽음에의 충동과 삶의 충동이 도착적으로 반복된다. 삶의 충동이란, 죽음충동을 늦추고 다양하게 변주함으로써 살아가는 의지를 다지는 일이다. 장은수 시인은 이러한 삶의 충동을 미래지향적 의지로 승화시키는 일에 방점을 찍고 있다.

    차가운 물안개가 밀려왔다 밀려갈 때
    날선 칼끝 에인 자리 요철이 뚜렷하다
    파도가 피운 꽃송이 뚝뚝 지는 동백섬에

    새벽까지 홀로 앉은 포구의 낡은 벤치
    어둑서니 눈길마저 맺혔다 흩날리고
    한 발도 꿈쩍할 수 없는 일망무제 저 단애

꽃비 린내 몸살 앓는 움푹 팬 가슴 한켠

꽃 대신 불을 밝힌 가로등이 들어앉고

붉게 핀 여명 바다로 첫 배가 출항한다

-「꽃섬 목각」 전문

장은수 시조미학의 특징은 극단의 한 지점으로 주제를 몰아가지 않고 현실적 균형감각을 유지하는 중도의 시심에 있다. 그는 절망 속에서도 희망을 노래하고, 희망 속에서도 절망의 시대를 보듬는다. 사회적 불평등과 부조리가 여전한 현실에 대해 냉소적인 감수성을 드러내기보다는 안온한 미래를 제시함으로써 치유를 모색한다. 내면으로 깊어진 시인의 숨결은 침잠이 아니라 부조리한 현실에 저항해 우리가 본래 소유했던 자연적 감각을 되찾고 싶어 한다. 그것은 '이 또한 지나가리라'는 덧없음의 치유력에 기대어 현재를 견뎌내려는 것이 아니다. 과거가 된 아픔과의 화해를 통해 현실을 재정비하고 새로운 내일로 나아가는 에너지를 축적하려는 주체성의 발현이다. 이러한 미래지향적 시심은 「꽃섬 목각」에 잘 투영되어 나타난다.

이 작품 속의 주체는 "차가운 물안개가 밀려왔다 밀려가"는 "포구의 낡은 벤치"에 앉아 있는 목각인형이다. 하지만 그는 "한 발도 꿈쩍할 수 없"는 처지에 있다. 자아의 운신을 가로막는 장애물은 끝없이 펼쳐진 바다, 즉 "일망무제"다. 이를 시인은 "난애"라고 표현하고 있다. '일망무제'의 수평적

거리감이 '단애'라는 수직적 단절 이미지로 변화되고 있는 것이다. 그것은 '섬'이라는 공간적 특수성이 주는 극복할 수 없는 현실적 한계다. 그럼에도 불구하고 작품 속 자아는 절망에 침잠하지 않는다. 사방이 바다로 둘러싸인 유형지 같은 곳이지만 "몸살"을 앓을 정도로 "꽃비린내"가 가슴에 들어찬다. 향기가 아닌 비린내라 표현한 것은 "파도가 피운 꽃송이"기 때문이다. 상처와 시련을 딛고 피어난 꽃송이란 뜻이다. "날선 칼끝"에 "움푹 팬 가슴"에도 시나브로 꽃은 피고 아침이 온다. 그러므로 "붉게 핀 여명 바다로 첫 배"를 띄우고 싶은 마음은 현대인들의 그것을 대유한다. 섬에 홀로 유폐된 듯한 막막한 현실에서도 희망의 배를 띄우는 존재들이 더 많아지길 바라는 염원을 담고 있는 것이다.

  한여름 매미울음에 어둠이 펄럭인다

  낮도 그만 모자라서 이슥토록 울고 있다

  목이 쉰 어떤 생애가

  산 하나를 넘고 있다

-「여름밤」 전문

완강한 벽을 두고
미당기는 힘의 균형

이물감 떨쳐내듯
살과 살을 섞을 때

비로소 풀리는 빗장
새 살 쑥쑥 돋는다

-「부부」전문

  현실과의 균형감각을 유지하며 중도의 시심을 형상화하는 작업은 위의 두 작품에서도 잘 나타난다. "어둠이 펄럭"일 정도로 "매미울음"이 요란을 떨고 있다. "낮도 그만 모자라서 이슥토록 울"고 있는 그 울음의 근원은 어디에서 연유했을까? 시인은 굳이 그 배후를 캐지 않는다. 그저 "목이 쉰 어떤 생애가// 산 하나를 넘고 있"는 것을 담담하게 지켜볼 뿐이다. 여기서 '매미'는 누구나 가슴속에 울음 하나쯤은 감추고 살아가는 현대인들의 초상이다. 그런데 제목이「여름밤」이다. 더위가 절정이기도 하지만 생명력 또한 일년 중 가장 왕성한 시기이다. 그런 계절에 "산" 하나를 넘고 있는 실존적 자아의 안간힘이 '울음소리'로 형상화되고 있는 것이다. 이는 고통스런 현실 상황에 처한 시적 자아가 내적 존재로서 실존의 시병을 자각하는 동시에 초월적 자아로 변이됨을 의미한다. 그것은 절망적 현실 상황을 초월하는 수준을 뛰어넘어 절망을 능동적으로 극복하려는 '유기체적 자아'의 성립으로 볼 수 있다.

이러한 유기체적 자아는 '못'이라는 부제가 붙은 「부부」에서도 나타난다. 서로 다른 환경에서 나고 자란 남과 여가 어느 날 우연히 맺게 되는 '부부'라는 관계는 그 자체가 이미 "벽"이라는 장애물을 안고 있다. 그 "벽"을 두고 "미당기는 힘의 균형"이 초기 부부관계의 원형일 것이다. 그래서 벽을 허물기 위해 "살과 살을 섞"는 육체적인 합일의 제의는 '일심동체'라는 궁극의 차원으로 승화된다. 방어막 같은 옷가지를 하나씩 벗을 때 "비로소" 마음의 "빗장"까지 풀리는 것이다. 이처럼 '일심동체'의 합방의식을 못과 벽이 하나 되는 상황으로 은유함으로써 인식 주체로서의 자아와 타아를 함께 끌어안는다. 이는 곧, 현실 속 수많은 관계와 관계들을 표본화하여 유기체적 존재들의 지평을 확장하는 것이기도 하다.

> 빛과 선의 구족화가, 입도 발도 화필畵筆 드네
> 바람의 손짓 따라 화구를 등에 진 채
> 지상의 쓸쓸한 숲속,
> 길 떠나는 보헤미안
>
> 하늘샘에 고인 이슬 더듬이로 핥아먹고

돌담 벽, 한 땀 한 땀 끌고 가는 긴 화폭
쉼 없는 오체투지로
하루를 접고 펴며

햇살에 되비쳐오는 투명한 저 붓놀림
꽃피는 화판 가득 뻐친 획 길이 될 때
비로소 풍경에 드는
한 생이 오롯하네

―「달팽이 화가」 전문

「달팽이 화가」에서 시인은 복잡한 세상에서 홀로 벗어나 있는 '달팽이'의 행보에 주목한다. 그것이 현실 너머에 있는 초월적인 존재라거나 세상에 신통력을 행사하는 비밀스러운 능력의 소유자라서가 아니다. 아무렇지도 않은 듯이 시인과 감각적으로 연결되어 존재하기 때문이다. 선취된 관념이나 주관적 열망도 없다. 자신과의 새로운 관계 속에 대상을 놓아두고 이전에 미처 알지 못했던 대상물의 의미와 아름다움을 새삼 깨닫고 있는 것이다. 이는 속악한 인간 세계를 떠나 자연에서의 완전한 도를 구하려는 강호가도의 자연 서정과는 확연히 구별된다. 시인이 바라보는 대상물은 "빛과 선의 구족화가"다. 손이 아닌 "입"과 "발"로 화필을 드는 그 화가는 "화구를 등에 진 채/ 지상의 쓸쓸한 숲속"을 누비는 "보헤미안"이다. '보헤미안'은 유랑생활을 하는 '집시'에서 나온 말이지만, 집시처럼 불쌍한 떠돌이도 아니고, 베가본드처럼 쓸쓸한 방랑자도 아니다. 사회의 관습에 구애받지 않는 당당한 자유인이다. 이 작품 속의 '보헤미안'도 사회의 잣대가 아닌 자신의 의지와 필요에 따라서만 움직이며 붓을 든다. 그의 화폭은 "돌담 벽"이다. 그곳에다 보헤미안 화가는 "투명한 붓"질을 한다. 남들의 눈에는 보이지 않는 "투명한 붓놀림"은 그가 추구하는 "길"이기도 하다. 구체성은 결여되어 있지만 "꽃피는 화판"을 채우려는 충만의 의지가 가득하다.

 자신만의 속도와 화법으로 새로운 미래를 그려가는 '보헤미안의 화판'이야말로 장은수 시인이 펼쳐나갈 초월적 미래일 것이다. 이는 삶의 충동을 긍정적으로 다져가는 실재계의 한 전형이라고도 할 수 있다. 그 과정에는 늘 과거와 현재라는 묵시적 시공간을 딛고 일어서는 자아의 구원과 비상의 에너지가 함께할 것이다. 과거의 기억을 반추해 새로운 미래를 지향해 왔듯 끊임없는 그의 창작에너지가 여기서 더 활활 타오르기를 주문하고 싶다.